BEI GRIN MACHT SICH IHR
WISSEN BEZAHLT

- Wir veröffentlichen Ihre Hausarbeit,
  Bachelor- und Masterarbeit

- Ihr eigenes eBook und Buch -
  weltweit in allen wichtigen Shops

- Verdienen Sie an jedem Verkauf

Jetzt bei www.GRIN.com hochladen
und kostenlos publizieren

Tobias Döring

Warum nicht nur die Manager die Schuld tragen

Über die echten und falschen Werte, das menschliche Glück bei Boethius und moralisches Handeln

GRIN Verlag

Bibliografische Information der Deutschen Nationalbibliothek:

Die Deutsche Bibliothek verzeichnet diese Publikation in der Deutschen National-
bibliografie; detaillierte bibliografische Daten sind im Internet über http://dnb.d-
nb.de/ abrufbar.

Impressum:

Copyright © 2010 GRIN Verlag GmbH
Druck und Bindung: Books on Demand GmbH, Norderstedt Germany
ISBN: 978-3-656-03897-9

Dieses Buch bei GRIN:

http://www.grin.com/de/e-book/181037/warum-nicht-nur-die-manager-die-schuld-
tragen

GRIN - Your knowledge has value

Der GRIN Verlag publiziert seit 1998 wissenschaftliche Arbeiten von Studenten, Hochschullehrern und anderen Akademikern als eBook und gedrucktes Buch. Die Verlagswebsite www.grin.com ist die ideale Plattform zur Veröffentlichung von Hausarbeiten, Abschlussarbeiten, wissenschaftlichen Aufsätzen, Dissertationen und Fachbüchern.

Besuchen Sie uns im Internet:

http://www.grin.com/

http://www.facebook.com/grincom

http://www.twitter.com/grin_com

Technische Universität Dresden

Philosophische Fakultät

Institut für Philosophie

Wintersemester 2009/10

Essay zum Proseminar:

"Das Philosophieren in der Antike"

Thema:

Warum *nicht nur* die Manager die Schuld tragen -

Über die echten und falschen Werte, das

menschliche Glück bei Boethius und moralisches Handeln.

Datum: 05. Februar 2010

Verfasser: Tobias Döring

                3. Fachsemester Politikwissenschaft / Humanities

I.

Zwei Schritte vor und einen zurück. Und wieder zwei Schritte nach vorn. Der zyklische Wachstumsprozess der Marktwirtschaft begleitet die industrialisierte Gesellschaft Europas und des Nordatlantiks seit dem 18./19. Jahrhundert und sorgt mit regelmäßigen Konjunktureinbrüchen, ausgelöst durch sogenannte *Krisen*, für temporär steigende Arbeitslosigkeit und Armut. Diese auftretenden, kurz- oder langlebigen sozialen Verwerfungen führen immer wieder zu heftigen Erschütterungen der politischen Systeme. Nun könnte man annehmen, dass diese zyklischen Schwankungen ein Phänomen sind, welche dem marktwirtschaftlichen Prinzipien innewohnen und jeder externe politische Eingriff würde einem Duell von *Gut* gegen *Böse*[1] gleichkommen. Nun ist der Markt aber kein einköpfiges Wesen und die Politik trägt kein Schwert in der Hand, mit dem sie versucht den Markt zu enthaupten. Der Markt ist als ein Tummelplatz von *freien* Akteuren zu verstehen, die in erster Linie den Anreiz haben, ihre eigenen egoistischen Bedürfnisse zu befrieden. Eine weitgreifende Handlungsfreiheit[2] ist eine Grundvoraussetzung für das Funktionieren der Marktwirtschaft und die Politik gibt mit einer Rahmenordnung vor, wie weit unter anderem diese Handlungsfreiheit reichen kann. Die den Markt umgebenden gesetzlichen und ökonomischen Bedingungen[3], sollen hier der kritischen Bearbeitung nicht zur Disposition stehen. Vielmehr *müssen* sie als gegeben angesehen werden. Nicht die Freiheiten an sich sollen diskutiert werden, sondern was die Akteure des Marktes mit diesen Freiheiten angestellt haben. Um eine moralische Beurteilung der Handlungen der Marktteilnehmer durchführen zu können, welche zur zurück- und gleichzeitig noch vor uns liegenden Krise[4] führten, soll hier das Moralverständnis nach Platon und Aristoteles heran gezogen werden. Demnach ist *jedes* Handel von moralischer Relevanz und "die moralische Qualität einer Handlung [hängt] von der in ihr enthaltenen Erkenntnis ab"[5]. Unter Berücksichtigung gegebener Umstände – also institutioneller Art – kann gezeigt werden, was die *falsche*[6] Wertegrundlage der Bedürfnisbefriedigung zu dieser Krise *beitragen* konnten. Es geht nicht um die Schuld einzelner Personen oder Gruppen, die aus falschen Handlungen aus der Vergangenheit her rühren könnte, was zu Beurteilen sich in einem durch Freiheiten geprägten Raum ohnehin nicht rechtfertigen ließe, zumindest da, wo geltende Gesetze nicht übergangen wurden. Viel notwendiger scheint eine Sensibilisierung dahingehend, Verantwortung für die Zukunft zu übernehmen und die möglichen Auswirkungen getroffener Entscheidungen sich im Bewusstsein auf die Qualität der menschlicher Gemeinschaft zu übertragen. Um auf den Titel dieses Aufsatzes zurück zu kommen, nicht *Sie*, sondern *Wir* sind für unsere Zukunft verantwortlich.

---

1 das *Gute* als die korrigierende politische Macht und das *Böse* als die destruktive Kraft des Marktes

2 sowohl positiv als auch negativ gemeint

3 allgemein gesprochen: der institutionelle Rahmen

4 Die *zurückliegende Krise* verweist auf die Finanz-, Hypothekenkrise. Wirtschaftsweise prognostizieren, dass die Wirtschaft und besonders der Arbeitsmarkt seine Krise noch erleben wird.

5 Schmitt, Arbogast: Über die Prinzipien moralisch richtigen und falschen Handelns bei Platon und Aristoteles. In: Marburger Forum – Beiträge zur geistigen Situation der Gegenwart Jg. 7, (2006), Heft 4, S. 6

6 Die Wertung als *falsche* Handlungsweise soll unterstellen, das alternative Handlungsoptionen gegeben waren, die mit dem "echte[m] menschliche[m] Leben" (Goeudevert; S. 78) mehr im Einklang stehen, als die getroffenen Entscheidungen und vollzogenen Handlungen es tun.

II.

Am Finanzmarkt tummeln sich eine ganze Reihe verschiedener Gruppen von Akteuren, die ich kurz vorstellen möchte. An oberster Spitze haben wir die Manager von Finanzunternehmen, die sich auch als "Finanzingenieure"[1] verstanden und mit mathematischen Kenntnissen ausgestattet, die Finanzströme lenkten und riskante Kreditverpflichtungen zu scheinbar sicheren Anleihen bündelten. Sie nehmen eine Schlüsselposition ein, zwischen jenen die Geld investieren wollen und sich eine saftige Rendite versprechen und jenen die Geld benötigen, um ihre Unternehmung zu finanzieren. Wenn sie die Unternehmung ordentlich geführt haben, also möglichst gewinnbringend, dann erhalten sie Bonuszahlungen, die sich im sieben- oder achtstelligen Bereich bewegen. Zu den Finanzunternehmen, deren Gestalt sehr vielfältig ist, gehören auch die Makler und Broker. Das sind diejenigen, die sich auf dem *Marktplatz* herumtreiben und Finanzprodukte ihres Unternehmens verkaufen und Finanzprodukte von anderen Unternehmen einkaufen. Für jedes Geschäft das sie tätigen, wiederum mit dem Ziel im Auge einen möglichst hohen Gewinn zu *erwirtschaften*, erhalten sie ebenfalls einen ordentlichen Bonus. Wobei die Freiheiten der Broker und Makler sehr groß sind und die Verantwortung ein *gutes* Geschäft zu tätigen, auf ihren Schultern ruht. Daneben gibt es noch große und kleine Investoren die, angelockt von saftigen Renditeversprechen und scheinbarem geringen Risiko, sich ordentlich mit verbrieften Finanzprodukten der Finanzmarktunternehmen eindeckten. Dazu gehören Privatanleger, die ein paar Tausend Euro für das höhere Alter zurücklegen wollten, aber auch andere Banken, Finanzinstitute, Versicherungsunternehmen und Pensionskassen. Kurz gesagt, alle Investoren die jetzt feststellen, dass sie ihre Depots mit faulen Wertpapieren, sogenannten "toxic-waste"[2] gefüllt hatten. Die kleinsten Teilnehmer am Finanzkarussell sind die Kreditnehmer, dazu zählen Eigenheimbesitzer und Immobilienspekulanten, auf die ich auch das Hauptaugenmerk meiner Analyse richten möchte. Die Gründe warum ich alle anderen Marktteilnehmer von meiner Kritik ausspare, möchte ich kurz darlegen. Erstens zählt die Vergabe von Eigenheimhypotheken zu den Schlüsselkomponenten, die eine Kreditblase entstehen ließen und so den Nährboden für den großen Kollaps schuf. Der explosionsartige Anstieg bei der Vergabe von Eigenheimhypotheken lässt sich an ein paar Zahlen festmachen: Bis 1995 wurden in den USA jährlich rund 200 Milliarden US-Dollar für Eigenheimkredite gewährt. Im Jahr 2000 waren es schon rund 400 Milliarden und 2005 erreichte die Nachfrage nach Hypotheken ihren Höhepunkt bei rund 1.100 Milliarden US-Dollar[3]. Zweitens sehe ich in den Hypothekennehmern die einzigen Akteure, die nahezu Handlungsfreiheit besaßen und weder Sachzwängen unterlagen, noch ihr Unternehmen im Wettbewerb verteidigen und auf dem internationalen Markt behaupten mussten. Ohne Zweifel wäre eine Betrachtung der (Finanz-)Unternehmen im Hinblick auf ihre Tätigkeit am freien Markt aufschlussreich. Doch spielen hier eine Unzahl von beeinflussenden Faktoren eine Rolle, die auf

---

1 Sommer, Rainer: Die Subprime-Krise und ihre Folgen. Von faulen US-Krediten bis zur Kernschmelze des internationalen Finanzsystems. 2. Aufl. Hannover 2009, S. 2

2 Ebd., S. 46; Die Attraktivität dieser Finanzprodukte führte zu einer internationalen Streuung des toxic-waste, weshalb auch in Europa so viele Unternehmen davon betroffen sind.

3 Vgl.: Ebd., S. 13

wenigen Seiten weder zu überschauen sind, noch lassen sie sich klar von den moralischen Fehltritten der Akteure trennen. Um der kaum fassbaren Komplexität des Finanzsystems zu entgehen, werde ich mich daher auf eine *relativ* einfach strukturierte Akteursgruppe konzentrieren. Die *polemische* Schilderung der Finanzmarktsituation vor der Krise dient dazu, die Hauptprobleme hervorzuheben und die verschiedenen *Störfaktoren* auszublenden, welche eine methodische Betrachtung im Detail benötigen.

III.

Jedes menschliche Handeln, jede Unternehmung die der Mensch angeht, strebt nach einem höheren Ziel, wie Boethius zu beginn seines Dritten Buches von der Trost der Philosophie bemerkt:

> "Alle Sorge der Menschen, wie vielfältig auch die Mühe ihrer Bestrebungen sein mag, schlägt zwar verschiedene Wege ein, trachtet aber doch doch nur nach einem Ziel, der Glückseligkeit."[1]

Hierin stimmt er mit Aristoteles überein, der dieses höchste Gut in der *Nikomanischen Ethik* als Eudaimonie bezeichnet, also das höchste, vollkommene Wohlbefinden und Glück[2]. Wenn die Eudaimonie, die Glückseligkeit nun das höchste Ziel ist, können alle menschlichen Aktivitäten doch nur Mittel zu diesem Ziel sein. Wenn sich Menschen ein Haus bauen, dann weil sie ihrer Familie Geborgenheit bieten möchten, sie wollen Sicherheit vor steigenden Mietpreisen, sie wollen sich einen Hort schaffen, an dem sie sich auch im höheren Alter noch wohl fühlen. Ohne Zweifel streben auch Immobilienspekulanten nach diesem höchsten Gut, indem sie investieren, verkaufen und Gewinne erzielen. Mit dem Geld werden sicher nicht nur existentiell notwendige Güter erworben, sondern auch Reisen unternommen und Autos gekauft. Mit Geld kann der Mensch sich und seiner Familie ein lustvolles und aktives Leben ermöglichen. Es ist dieses Streben nach dem höchsten Gut, das alle Menschen zu Gleichen subsumiert und eine anthropologische Grundkonstante bildet. Die "Kraft der Natur"[3] ist es, so sagt Boethius gleich an mehreren Stellen, die uns nach diesem Gut streben lässt. In dieser Hinsicht sind sich die philosophischen Denker der Antike weitgehend einig. Der Naturtrieb für sich allein ist aber noch kein Garant, dass der Mensch dieses höchste Gut der Glückseligkeit in sich vereinnahmen kann, denn "der mißleitete Irrtum verführt sie zum Falschen"[4]. Mit der Behauptung dass der Mensch das höchste Glück nicht erreicht, weil ihm sein eigenes Handeln davon abhält, wird gleichzeitig das Tor zum wahren Glück aufgestoßen. Denn wenn der Mensch in der Lage, ist seine Fehler und Irrtümer zu *erkennen*, dann ist es auch möglich, dass der Mensch das wahre Gut *erkennt*. Auch Boethius musste diesen Weg

---

1 Boethius: Der Trost der Philosophie. Übers. und hrsg. von E. Gegenschatz und O. Gigon, Artemis & Winkler, Darmstadt, 1990, 3. Buch, 2. Prosa, S. 93

2 Vgl.: Schupp, Franz: Geschichte der Philosophie im Überblick. Antike (Band 1). Meiner Verlag, Hamburg, 2003, S. 309

3 Boethius: Der Trost der Philosophie. Übers. und hrsg. von E. Gegenschatz und O. Gigon, Artemis & Winkler, Darmstadt, 1990, 3. Buch, 2. Prosa, S. 97

4 Ebd.: S. 93

der Erkenntnis gehen, denn nachdem er in seinem Leben die oberen Karrieresprossen erklommen hatte, war der Absturz tief. Sein vorher so prachtvolles Leben als angesehener Würdenträger von Rom und zum Schluss Vorsitzender des Senats wandelte sich mit einem Schlag, als er wegen Hochverrats zum Tode verurteilt wurde[1]. Aber nicht das Schicksal schlug zu, sondern Fortuna, die Boethius noch mit einer Hand die Freuden und Erfüllungen des leichten Glücks vorgaukelte, ihm aber schon hinterrücks den Boden unter den Füßen weggezogen hatte. So spricht Philosophia von dem wahren und flüchtigen Glück:

> "Dieses lügt nämlich immer unter dem Scheine der Glückseligkeit, während es zu schmeicheln scheint; jenes ist immer wahr, da es in seiner Veränderung seine Unstetigkeit zeigt; dieses täuscht, jenes belehrt. Dieses bindet die Seelen der Genießenden mit dem Scheine lügnerischer Güter, jenes löst sie durch die Einsicht in die Gebrechlichkeit jener Glückseligkeit."[2]

Boethius unterscheidet also zwischen dem wahren Glück, der höchsten Glückseligkeit und dem falschen Glück, dem wir Menschen durch den Erwerb der Güter "Geld, Ehren, Macht, Ruhm [und] Lust"[3] hinterherjagen. Doch dieses falsche Glück welches sich als „Fortuna" personifiziert, ist weder beständig noch allein vollkommen. Aus eigener Erfahrung musste Boethius feststellen, dass ihm diese Güter zugekommen waren und im nächsten Augenblick wieder entrissen wurden. Es sind äußere Umstände, die uns dieses falsche Glück in die Hand legen und der Mensch, noch ganz benebelt von der Intensität der scheinbaren Glückseligkeit, bemerkt nicht oder erst zu spät, wie ihm andere Umstände dieses Glück wieder entreißen. Unser Inneres erfährt eine euphorische Lähmung und ist unwillig, die Verbindung zur erfahrbaren Lebenswelt aufrecht zu erhalten.

Diese Phänomen konnte man auch im sich aufblähenden Immobilienmarkt zwischen 2003 und 2006 beobachten. Während anfangs noch Investoren und Spekulanten von den niedrigen Hypothekenzinsen profitierten und jedes gebaute oder verkaufte Haus satte Gewinne versprach, war der Marktpreis für Immobilien bald an seine kosmischen Grenzen gestoßen. Mit jedem Verkauf stieg der Wert eines Hauses, bis irgendwann klar wurde, dass die meisten Häuser leer standen und sich Investoren und Spekulanten die Gebäude nur noch gegenseitig abkauften. Ab da an stagnierten und fielen die Immobilienpreise wieder, was einen Immobilienkauf wiederum völlig sinnlos machte. Auch Eigenheimbesitzer hatten mit den sich wandelnden ökonomischen Bedingungen zu kämpfen. Das anfangs billige Geld das ihnen die Hypothekenbanken boten, ja regelrecht aufdrängten, war zu verlockend, um es nicht in ein kleines Haus und in seine Zukunft zu investieren. Eigenheimbesitzer profitierten von den steigenden Grundstückspreisen, da sie auf deren Grundlage Kredite aufnehmen konnten. Dies war angesichts der bis 2005 niedrig *gehaltenen* Zinsen auch kein Problem. So verdoppelte sich die weltweite Verschuldung zwischen

---

1 Vgl.: Boethius: Der Trost der Philosophie. Übers. und hrsg. von K. Büchner, Reclam, Stuttgart, 1971, S. 11-17

2 Boethius: Der Trost der Philosophie. Übers. und hrsg. von E. Gegenschatz und O. Gigon, Artemis & Winkler, Darmstadt, 1990, 2. Buch, 8. Prosa, S. 87

3 Ebd.: 3. Buch, 2. Prosa, S. 95

2001 und 2007 auf 200.000 Milliarden US-Dollar[1] und besonders in den USA, wo rund 70 Prozent des BIP verkonsumiert wurden – was bis dahin keine andere Nation schaffte – stiegt die private Verschuldung rasant an. Als die Zinsen nach 2005 wieder anstiegen, war es für viele unmöglich geworden, die Schulden abzuzahlen. Langsam wurde allen bewusst, dass es ab jetzt nur noch bergab gehe[2].

Wir haben hier also einerseits die ökonomischen Bedingungen wie Zinssatz und Marktpreis – ich nenne sie Fortuna – die außerhalb des Einflussbereiches von Investoren, Spekulanten und Immobilienbesitzern liegen, die erst zu großer Euphorie und dann zum Absturz vieler führten. Auf der anderen Seite haben wir den Marktteilnehmer, der sich von der Leichtigkeit und Dynamik der Glücksversprechen die der Markt bot, fortreißen ließ. Was ist nun die Empfehlung Boethius, wie oder wo man das wahre Glück zu suchen hat?

Im Zustand des wahren Glücks und des Wohlbefindens soll es dem Mensch an nichts mangeln, es soll nichts geben, was er noch zu erstreben suche. So spricht Philosophia:

"Es ist also klar, daß die Glückseligkeit ein Zustand ist, der durch die Vereinigung aller Güter vollkommen ist."[3]

Eine begriffliche Engführung von Gut, würde den Blick lediglich auf materielle Güter lenken. Aber ein Gut füllt allgemein einen menschlichen Bedarf auf. So sind Freunde und Familie auch zu den Gütern zu zählen, da sie den Bedarf an Rückhalt, Sicherheit und sozialer Einbindung ganz oder teilweise befrieden. Ein Gut muss aber nicht erst durch dessen Mangel in Erscheinung treten. Auch kann es in Vergessenheit geraten oder es wird von Glücksmomenten überlagert, die schnelle und intensive Freude verschaffen. Es ist also erst die richtige Zusammenstellung der Güter, die dem Menschen Glückseligkeit verschaffen. Auch das kurzlebige Glück welches uns Fortuna verschafft, kann dazu gehören. Doch muss dem Einzelnen immer wieder der Regress auf die eigentliche Ursache der Freude gelingen. Ist es das verdiente Geld, welches mich Glücklich macht, oder ist es die gewonnene Freiheit und Sicherheit, die mir das Geld bietet? Aristoteles versteht unter Glück einen "gelungene[n] Lebensvollzug"[4], der von Freude begleitet ist. Dies lässt sich auch als Verschränkung von äußerem Gelingen und innerem Wohlbefinden verstehen. Ist es also in Anbetracht eines gelingenden Lebens sinnvoll, noch mehr Kapital anzuhäufen? Die Frage wie ein gelungenes Leben aussieht, wie man es daher ausfüllt oder welche Güter notwendig sind um das

---

1 Vgl.: Eichhorn, Wolfgang/Solte Dirk: Das Kartenhaus Weltfinanzsystem. Rückblick – Analyse – Ausblick. Hrsg. von Klaus Wiegandt, Fischer Verlag, Frankfurt am Main 2009, S. 151

2 Vgl.: Sommer, Rainer: Die Subprime-Krise und ihre Folgen. Von faulen US-Krediten bis zur Kernschmelze des internationalen Finanzsystems. 2. Aufl., Heise Verlag, Hannover 2009, S. 5ff., 31ff., 103ff.

3 Boethius: Der Trost der Philosophie. Übers. und hrsg. von E. Gegenschatz und O. Gigon, Artemis & Winkler, Darmstadt, 1990, 3. Buch, 2. Prosa, S. 93

4 Neschke, Ada: Die Glücksproblematik bei Aristoteles und der Einspruch des Pyrrhon, In: Angehrn, E./Baertschi, B. (Red.): Die Philosophie und die Frage nach dem Glück. Studia Philosophica Vol. 56, Haupt Verlag, Bern, Stuttgart, Wien, 1997, S. 26

höchste Glück zu erreichen, lässt sich objektiv nicht beantworten, sondern muss von jedem Individuum selbst ergründet werden. Es scheint ausgeschlossen zu sein, Menschen zeigen zu wollen, wie sie ihr Glück erreichen oder was sie konkret tun sollen, um glücklich zu Leben. Boethius und Aristoteles benennen dieses richtige Maß, dass zum höchsten Glück führen soll als die *Mitte*. So spricht Philosophia zu Boethius:

"Kampf führt ihr heftig im Geiste mit jedem Geschick, auf daß euch ein trübes nicht überwältige oder ein angenehmes nicht verderbe. Mit fester Kraft besetzt die Mitte; alles, was darunter stehen bleibt oder darüber hinausgeht, enthält eine Geringschätzung des Glücks, nicht den Lohn für den Kampf."[1]

Die Mitte zu finden, die Mitte in unserem Handeln, ist eine Notwendigkeit, die uns zum Glück führen wird. Bedeutet das aber gleichzeitig eine Mäßigung all unseres Handelns? Von allem nur einen Teil zu nehmen? Das würde konträr zum Leistungsstreben unserer Gesellschaft stehen und hätte womöglich zur Folge, das sich Wissenschaftler nicht mit ihrem Leben der Bekämpfung von Aids oder Krebs verschreiben, weil dies kaum Raum lässt, nach Anderem zu streben? Aristoteles spricht hierzu in der *Nikomanischen Ethik*:

"So wird also jeder Fachmann Übermaß und Mangel meiden und die Mitte suchen und wählen, die Mitte aber nicht der Sache nach, sondern in Bezug auf uns. [...] Die Tugend ist also ein Verhalten der Entscheidung, begründet in der Mitte im Bezug auf uns, einer Mitte, die durch Vernunft bestimmt wird und danach wie sie der Verständige bestimmen würde."[2]

Der *Fachmann*, der *Verständige* tritt bei Aristoteles als eine Allegorie für ein Wesen auf, das seine Vernunft gebraucht, bevor es eine Entscheidung trifft. Die Mitte ist also kein arithmetisch ermittelter Punkt zwischen einem Minimum und einen Maximum, sondern die Mitte in "Bezug auf uns", also eine rein subjektive Mitte. Messen lässt sich diese Mitte anhand der Erkenntnis, die dem Handeln zugrunde liegt, also der Frage nach dem *Warum* des Handelns. Viel Kapital anzuhäufen muss also nicht zwingend ein moralischer Fehltritt sein, wenn man das Geld einem höheren Zweck zuführt. Wenn man sich die Frage stellt, warum man viel Geld benötigt und dabei zum Beispiel auf die Antwort kommt, möglichst vielen Kindern in von Armut gebeutelten Ländern helfen zu wollen, ist das sicher eine moralisch lobenswerte Handlung. Aber auch das Unterlassen einer Handlung kann von Moralbewusstsein geprägt sein, wenn diese Handlung eine negative Folge hätte, also die Lebensqualität der *menschlichen Gemeinschaft* verschlechtern würde. Nun muss nicht jede Handlung des Menschen darauf abzielen, den Weltfrieden herbei zuführen oder die Hungersnöte der Welt zu bekämpfen. Auch stellt sich hier die Frage, inwieweit der Mensch die Reichweite seines Handelns abschätzen kann. Auf das nähere soziale Umfeld bezogen, ist es aber sicher überschaubar, welche Handlungen sich positiv oder negativ auf die Gemeinschaft auswirken. Die Reflexion darüber wie wir handeln und warum wir so handeln, ist eine notwendige Bedingung, die

---

1 Boethius: Der Trost der Philosophie. Übers. und hrsg. von K. Büchner, Reclam, Stuttgart, 1971, 4. Buch, 7. Prosa, S. 146

2 Schupp, Franz: Geschichte der Philosophie im Überblick. Antike (Band 1). Meiner Verlag, Hamburg, 2003, S. 311

uns unserem Glück näher bringt. Die Erkenntnis mit welchen Gütern der Mensch sein Leben bereichern will, setzt subjektive Präferenzstrukturen voraus, anhand der er auswählt, welche Güter er erstreben will und welche Güter ihn eher kalt lassen. Diesen Präferenzen sind wiederum Werte zugrunde gelegt, die dem Mensch im Geiste und im Handeln eine Orientierung vermitteln. Das Glück setzt voraus, dass der Mensch die ihm wichtigen Güter bestimmen kann, störende Güter vermeidet und fehlende Güter hinzufügt. Dieses Sinnieren über die eigene Lebensgestaltung kann den Mensch davor bewahren, Entscheidungen zu treffen, die seinem Glück entgegen stehen. Wenn man dem Individuum das aus seiner Mietwohnung auszieht und sich ein Haus baut unterstellt, dass es damit Freiheit, ein wenig mehr Autarkie oder auch Sicherheit anstrebt, dann steht diesen Gütern allerdings ein Abhängigkeitsverhältnis zur Bank gegenüber, indem ein Darlehen aufgenommen wird. Eine Abhängigkeit die zwar nach circa 30 Jahren endet und mit einem eignen Heim belohnt wird, aber bis dahin besteht der Zwang Raten zu zahlen, die sich aufgrund eines variablen Finanzierungskonzepts an den Marktzins anpassen[1]. Wenn der Marktzins steigt, schnellen die Raten in die Höhe und Belasten die Haushaltskasse. Der Mensch verfolgt das eine Ziel und bekommt ein anderes Ergebnis, welches ihn wahrscheinlich weniger Glück verschafft als Anfangs angenommen.

"Wenn aber jene Dinge nicht das zu leisten vermögen, was sie versprechen, und der meisten Güter entbehren, ertappt man sie dann nicht offenkundig auf einem falschen Schein von Glückseligkeit?"[2]

Wäre nicht der Verzicht auf ein Darlehen eine größere Bereicherung für die Gemeinschaft gewesen, wenn der Kreditnehmer von vornherein weiß, dass er die Forderungen nur schwerlich oder überhaupt nicht bedienen kann?[3] Die moralische Qualität des Handelns war am Hypothekenmarkt sicher auf beiden Seiten äußerst gering, denn sowohl Kreditnehmer als auch Kreditinstitute hatten weniger die Konsequenzen im Blick, als ihre eigensten materiellen Interessen.

An dieser Stelle will ich das Vorhergehende noch einmal kurz zusammenfassen. Es sind in uns verinnerlichte Werte, die unsere Präferenzen bestimmen und ordnen. Anhand deren kann der Mensch sich für Handlungsalternativen entscheiden. Das heißt, er bestimmt die Güter, die er zu erstreben versucht. Die subjektiv richtige Zusammensetzung der Güter verschafft dem Menschen Glück und der Mensch ist Zufrieden mit seinem gewählten Handlungs- und Lebensvollzug. Die Moral entwächst der Erkenntnis über den subjektiv richtigen Lebensvollzug. So bringen uns Handlungen von hoher moralischer Qualität auch Freude und Glück, da das erkennen des subjektiv richtigen Handelns, was in der Verfügungsgewalt des Menschen liegt, ihm das beschert,

---

1 Vgl.: Sommer, Rainer: Die Subprime-Krise und ihre Folgen. Von faulen US-Krediten bis zur Kernschmelze des internationalen Finanzsystems. 2. Aufl., Heise Verlag, Hannover 2009, S. 7

2 Boethius: Der Trost der Philosophie. Übers. und hrsg. von E. Gegenschatz und O. Gigon, Artemis & Winkler, Darmstadt, 1990, 3. Buch, 3. Prosa, S. 101

3 Sogenannte Ninja-Darlehen (No Income, No Job, No Assets) waren gängige Methode am Kreditmarkt und ermöglichte Menschen Kredite aufzunehmen, die aufgrund schlechter Bonität zuvor nie hätten einen Kredit gewährt bekommen.

was er sich wünscht. Alles was der Mensch erhält ohne es bewusst herbei geführt zu haben, kann zwar auch Lust verschaffen, unterliegt aber dem *zufälligen* und *vergänglichen* Glück Fortunas. Dieses Glück kann zu einem angenehmen Ergebnis führen, was allerdings *nicht* in der Verfügung des Menschen liegt, da es nicht der eigensten Erkenntnis zu verdanken ist. Dieses geschenkte Glück hat daher auch keine moralische Relevanz.

IV.

Da ich nun davon ausgehe, dass unserem Handeln Werte zugrunde liegen, ist es notwendig, noch ein paar Worte darüber zu verlieren. Die demokratischen Gesellschaften des Nordatlantiks und Europas konstituieren sich auf wesentlichen Grundwerten, wie Freiheit, Gleichheit, Gerechtigkeit und Chancengleichheit. Diese Werte sind Resultat eines jahrtausendelangen Lernprozesses und haben sich durchgesetzt, weil die Erfahrung mit diesen Werten eine positive war und ist. Darüber hinaus bestimmt ein Wertepluralismus die menschliche Gemeinschaft, der die Toleranz eines jeden voraussetzt. Es lässt sich kaum bestreiten, dass ein Werteabsolutismus und dessen bedingungslose Durchsetzung eher die Schattenseiten der menschlichen Existenz kennzeichnet. Denken wir zum Beispiel an die Zeit der Französischen Revolution unter Robespierre. Die von uns heute akzeptierten Grundwerte, sind Ergebnis eines akademischen und öffentlichen Diskurses, der von Kritik und Skepsis geprägt, von Empirie und Argumenten getragen, diese Konstitution hervorbrachte. Aber genauso wie die Gesellschaft technologisch voranschreitet und wächst, müssen auch Werte mit wachsen und im Kontext der Gesellschaft neu betrachtet werden. Die Feststellung es gebe falsche und richtige Werte, ist also nichts Absolutes, sondern rein subjektiv geprägt. Erst die allgemeine Akzeptanz von Werten macht diese zu objektiven Wahrheiten des jeweiligen gesellschaftlichen Kontextes. Passen aber gewisse Werte und allgemeine gesellschaftliche Bedürfnisse nicht mehr zusammen, dann erlischt auch ihr Anspruch auf Objektivität.

Eine Kategorisierung der Werte soll an dieser Stelle mein Verständnis von richtigen und falschen Werten deutlich machen. Rein quantitative Werte sind zum Beispiel Kapitalinteressen, die keinem höheren Zweck verfolgen, sondern einfach die Vermehrung des Kapitals erstreben. Dazu gehören auch Konsuminteressen, die auf ein *Mehr* ausgerichtet sind und ausschließlich den Anderen überbieten sollen. Gemeint sind also rein quantitative Wohlstandsteigerungen der menschlichen Gemeinschaft. Qualitative Werte fördern dagegen die Qualität des Wohlstands. Das sind zum Beispiel Solidarität, soziale Integration und Nachhaltigkeit. Wobei Nachhaltigkeit hier über die ökonomisch-ökologische Perspektive hinaus gedacht werden muss. Doch die meisten Werte verbinden quantitative und qualitative Aspekte. So kann das Streben nach Macht – quantitativ – der Vermittlung und Durchsetzung von verschiedensten qualitativen Werten zugeführt werden. Ein Blick in unser politisches System verdeutlicht dies, denn ohne Machtanteile lassen sich keine Entscheidungen erringen. Nachhaltigkeit im ökonomisch-ökologischen Sinne verbindet

Kapitalinteressen durch das Besetzen von neuen Produktionsnischen und den Erhalt von Ressourcen. Im Sinne eines *schwachen Altruismus* bedeutet dies, heute lieber auf eine Maximierung verzichten und dafür langfristig mehr erhalten.[1] In Bezug auf unser marktwirtschaftliches System ist es vor allem diese Kombination von Qualität und Quantität, die sich in Zukunft durchsetzen wird. Eine rein quantitative Expansion ist nicht mehr zu verkraften, zehrt an der Substanz der menschlichen Gemeinschaft und wird nicht das gewünschte Ergebnis vom ewigen Glück Aller erbringen können. Doch ist bei dieser Verbindung der eigentliche Ursprung des Handelns entscheidend für die moralische Qualität des Handelns.

"So kommt es, daß nicht den Tugenden aus der Würde, sondern aus der Tugend den Würden Ehre zuwächst."[2]

Diese von Boethius aufgestellte *Tugendlehre* besagt also, dass richtiges Handeln welches von Erfolg gekrönt ist, auch von Erkenntnis und wahrer Moral zeugt. Wohingegen das Handeln welches nach dem falschen Gütern strebt, nie von Moral geprägt sein wird, auch wenn es das selbe Ziel im Blick hat. Denn wie bereits erwähnt, lässt sich das wahre Gut nur subjektiv bestimmen und setzt *Erkennen* voraus.

Das marktwirtschaftliche System lässt dem Einzelnen große Handlungsfreiheit und diese Handlungsfreiheit sollte vernünftig genutzt werden. Krisenartige Symptome am Markt sind unter anderem ein Zeichen dafür, dass der einzelne Mensch und der Mensch in seiner Gemeinschaft von der ihm gegebenen Vernunft und Erkenntniskraft wenig gebraucht gemacht hat. Doch das eigene Glück sollte eigentlich ein Anreiz sein, dies zu tun.

---

1 Vgl.: Simon, Herbert A.: Homo Rationalis. Die Vernunft im menschlichen Leben. Campus Verlag, Frankfurt am Main/New York, 1993, S. 68ff.

2 Boethius: Der Trost der Philosophie. Übers. und hrsg. von E. Gegenschatz und O. Gigon, Artemis & Winkler, Darmstadt, 1990, 2. Buch, 6. Prosa, S. 75

Literaturliste

Primärliteratur

Boethius: Der Trost der Philosophie. Übers. und hrsg. von E. Gegenschatz und O. Gigon, Artemis & Winkler, Darmstadt, 1990

Sekundärliteratur

Boethius: Der Trost der Philosophie. Übers. und hrsg. von K. Büchner, Reclam, Stuttgart, 1971

Eichhorn, Wolfgang/Solte Dirk: Das Kartenhaus Weltfinanzsystem. Rückblick – Analyse – Ausblick. Hrsg. von Klaus Wiegandt, Fischer Verlag, Frankfurt am Main, 2009

Goeudevert, Daniel: Das Seerosen-Prinzip. Wie uns die Gier ruiniert. Dumont Verlag, Köln, 2008

Neschke, Ada: Die Glücksproblematik bei Aristoteles und der Einspruch des Pyrrhon, In: Angehrn, E./Baertschi, B. (Red.): Die Philosophie und die Frage nach dem Glück. Studia Philosophica Vol. 56, Haupt Verlag, Bern, Stuttgart, Wien, 1997, S. 7-31

Schupp, Franz: Geschichte der Philosophie im Überblick. Antike (Band 1). Meiner Verlag, Hamburg, 2003

Simon, Herbert A.: Homo Rationalis. Die Vernunft im menschlichen Leben. Campus Verlag, Frankfurt am Main/New York, 1993

Sommer, Rainer: Die Subprime-Krise und ihre Folgen. Von faulen US-Krediten bis zur Kernschmelze des internationalen Finanzsystems. 2. Aufl., Heise Verlag, Hannover, 2009

Web-Dokumente

Schmitt, Arbogast: Über die Prinzipien moralisch richtigen und falschen Handelns bei Platon und Aristoteles. In: Marburger Forum – Beiträge zur geistigen Situation der Gegenwart Jg. 7, (2006), Heft 4, URL: http://www.philosophia-online.de/mafo/heft2006-4/Schmi_V.pdf, Aufruf: 08.01.2010